Die **NEUE** BUCKET LIST für

Paare

love

Die NEUE BUCKET LIST für Paare

250 NEUE DINGE

DIE WIR JETZT zusammen erleben müssen

STEPHANIE FISCHER

PLAZA

Vorwort

Händchen halten? Die Blicke treffen sich und ihr vergesst alles um euch herum? Die Sehnsucht ist schon kurz nach eurem Abschied richtig groß? Wenn eine Nachricht auf dem Handy aufploppt, hofft ihr, dass sie vom jeweils anderen ist? Ihr fühlt euch wie in einem Kitschfilm? Au weia, euch hat's echt erwischt!

Genießt die Verliebtheit und bewahrt euch das Kribbeln. Dabei unterstützt euch diese Bucket List mit 250 witzigen, verträumten, romantischen, aber auch mal skurrilen Aufgaben zum Nachmachen und Abhaken. Sie sorgt für intensive Momente, damit die Liebesgefühle vom Anfang auch noch nach vierzig Jahren Alltag stark sind, vielleicht sogar noch stärker. Denn Gefühle sind kein Selbstläufer. Vielmehr entscheiden wir uns jeden Tag neu für die Person, die wir lieben.

Ob aneinander gekuschelt eine Nacht im Iglu verbringen oder unter freiem Sternenhimmel schlafen, das Tanzbein schwingen oder einen Serienmarathon starten, kuriose Feiertage zelebrieren oder eigene Rituale schaffen – auf insgesamt 128 Seiten findet ihr tolle Ideen, eure Zeit zu zweit unvergesslich zu machen.

Wenn normale Tage etwas ganz Besonderes werden, habt ihr den richtigen Partner an eurer Seite. Es sind schließlich oft die kleinen Augenblicke, auf die es ankommt. Für Frischverliebte und die, die es noch immer sind: habt unendlich viele solcher Glücksmomente, u. a. mit den Ideen aus diesem Buch.

Dieses Buch gehört:

&

_____

unzertrennlich seit

_____

Platz für ein Foto im
Format 9 x 13 cm

DAS SIND WIR VOR UNSEREM KENNENLERNEN

Platz für ein Foto im
Format 9 x 13 cm

Platz für ein Foto im
Format 10 x 15 cm

DAS iST UNSER ERSTES GEMEiNSAMES FOTO

Über uns

.... & ....

☐ Es war Liebe auf den ersten Blick

☐ 1.000-mal berührt, 1.000-mal ist nichts passiert. 1.001 Nacht und es hat „Zoom" gemacht

☐ Es war ganz anders, nämlich:

....

....

So haben wir uns kennengelernt: ....

....

....

....

Wer hat wessen Herz erobert? ....

Und von wem ging der erste Kuss aus? ....

Dieses Traumpaar ist unser Vorbild:

&

....

Das machen wir total gerne zusammen: ....

....

....

Und das geht gar nicht miteinander: ....

....

....

Du machst am liebsten ohne mich: ....

....

Du machst am liebsten ohne mich: ....

....

Das ist „unser" Lied: ....

weil ....

....

Das schätze ich besonders an dir: ....

....

....

Das schätze ich besonders an dir: ....

....

....

Das bringt mich auf die Palme:

An dir: ....

....

Und mich an dir: ....

....

Das solltest du dir lieber abgewöhnen: ....

....

Das solltest du dir lieber abgewöhnen: ....

....

ODER HABT iHR EUCH ViELLEiCHT SCHON GEGENSEiTiG „ERZOGEN" ;)

⫸—♡—▷ KLEiNES SCHUSSELCHEN. WiRKLiCH (UN)ABSiCHTLiCH?

Daran muss ich dich immer erinnern: ....

....

Und du vergisst ständig: ....

....

Wir teilen alles, außer: ....

....

....

Unser peinlichstes Erlebnis: ....

....

....

....

....

....

....

....

Unser schönstes Erlebnis: ....

....

....

....

....

....

....

....

Unser erster Pärchenurlaub war .... (Jahr),

es ging nach ....

....

1. Liebesbotschaften lassen das Herz hüpfen

Schreibt kurze Messages wie „Ich liebe dein Lachen" oder „Du bist einfach toll" auf Post-Its und versteckt sie überall in der Wohnung – in der leeren Kaffeetasse, im Kühlschrank, in der Sockenschublade. Mal sehen, ob alle Komplimente gefunden werden.

2. ☐ Plant eine Übernachtung an einem außergewöhnlichen Ort

· in einem Schlafstrandkorb, begleitet vom Rauschen der Ostsee

· hyggelig auf einem Hausboot, z.B. in Lübeck

· hoch oben im Wasserturm, z.B. mit direktem Blick über den Scharmützelsee

· in einem Baumhaus, z.B. im Spessart

3. Kocht gemeinsam ☐ ♪

und singt dabei lauthals eure Lieblingshits passend zur Länderküche!
O Sole Mio, China in Your Hand oder doch eher Je Ne Regrette Rien ...?!

4. Fernweh?

Fahrt zum nächstgelegenen Flughafen und winkt
von der Aussichtsplattform den Fliegern hinterher,
während ihr eure eigene nächste Reise plant. ☐

5. Schwingt das Tanzbein! ☐

Tango, Salsa, Boogie-Woogie oder Wiener Walzer?
Tanzen ist ein Gespräch zwischen Körper und Seele – sprecht miteinander!

6.

Schreibt einander eine
Liebeserklärung

Nicht per WhatsApp oder Messenger,
sondern per Hand auf schönem Papier.
Was macht euch glücklich? Oder welche gemeinsamen
Momente sorgen noch heute für ein Lächeln?
Notiert, was euch bewegt und euer Herz berührt,
seid kreativ und romantisch.

7. Auf Schatzsuche geht's ... ,

... wenn ihr Hinweiszettel an Orten hinterlasst, die ihr beide gut kennt.
Diese führen wiederum je zu einer Kiste, die mit einer kleinen
Überraschung gefüllt ist oder einen Gutschein für z.B. eine Massage
oder eine Einladung zum Essen oder ins Kino enthält.

☐

8. Knutschalarm! ☐

Kaum eine Filmszene ist romantischer als der leidenschaftliche Kuss im Regen.
Denkt nur an Mary Jane und Spiderman oder Elle und Noah in „The Kissing Booth".
Das könnt ihr auch!

9. ☐

Wine up your life!

Macht eine Wanderung durch die Weinberge
(bei Römmerts Weinwelt in Franken sogar als Musik-
oder Krimi-Edition möglich, www.weingut-roemmert.de)!
mit anschließender Weinprobe! Denn beim Schlendern
zwischen malerischen Reben, darf ein kleiner Stopp
beim Winzer oder in der Weinstube nicht fehlen.
Alternativ könnt ihr auch eine Online-Weinprobe machen.

10. Zeit für

Geschenke!

Bastelt euch gegenseitig einen selbstgemachten „Adventskalender" und füllt
ihn mit kleinen Liebesbotschaften, Gutscheinen oder Dingen, die euer Partner/
eure Partnerin gerne mag. Gerade nicht Dezember? Super! Dann passt die
Anzahl der Türchen doch einfach an und feiert eure Liebe einen ganzen Monat!

☐

offline
IS THE NEW
luxury

11.

24 Stunden mobilfunkfreie Zeit – Handy aus und die
gemeinsamen Momente ganz bewusst genießen!

□

12. Vorlesezeit! □

Gemütlich in Decken und Kissen kuscheln, Kerzen anzünden,
eine Flasche Wein dazu ... und der geliebten Stimme lauschen!
Sucht gemeinsam ein Buch aus und lest euch abwechselnd daraus vor.
Nach einigen Seiten oder nach jedem Kapitel wird getauscht.

13.

Jede Woche ein Date

Im Alltagschaos bleibt die Zeit zu zweit oft auf der Strecke.
Pickt euch deshalb einen Wochentag heraus und plant bewusst
eine kleine Unternehmung – vom Eis essen über einen Spaziergang
durch den Stadtpark bis hin zum Theaterbesuch.

14.
Sushi oder Poke?

Besucht einen Kochkurs und lernt, wie man Maki, Nigiri und Sashimi selbst zubereitet, hawaiianisch kocht oder vegane Leckereien zaubert.

15.
Heraldik!

Ihr fühlt euch neben eurem Schatz wie eine Prinzessin oder wie ein König? Zeit wird's für ein Familienwappen! Überlegt Symbole oder auch Tiere und Farben für ein eigenes Zeichen, skizziert alles auf ein Blatt Papier und übertragt es dann auf einen Karton. Schon kann die Bemalung losgehen. Kleine Details lassen sich mit einem dünnen Pinsel gut umsetzen. Ausgeschnitten thront das herrschaftliche Wappen dann an eurer Eingangstür.

16. Sunrise in your eyes ☐

Frühaufsteher sind gefragt:
Wer morgens auf den nächstgelegenen Hügel
oder Berg spaziert, sieht die Sonne über der
ganzen Stadt aufgehen. Danach gibt's ein ausgiebiges
Frühstück und die Freude über einen langen Tag.

17. Wenn sich der Vollmond im Wasser spiegelt – und in deinen Augen ... ☐

Überwindet euer inneres Schamgefühl und geht zum Nachtbaden und/oder Nacktbaden.
Denn im See zu schwimmen, während sich der Vollmond im Wasser spiegelt, verspricht magischen Zauber.

18. Feuer und Flamme!

Zündet ein Lagerfeuer an, röstet Marshmallows und Stockbrot, erzählt euch Anekdoten, hört den
Flammen beim Prasseln zu und kuschelt euch aneinander. Das Beste: Dank moderner Feuerschalen lässt
sich die Lagerfeuer-Romantik sogar nach Hause in den eigenen Garten oder auf den Balkon holen.

☐

19. WARUM IN DIE FERNE REISEN?

Erkundet wie ein Tourist gemeinsam die eigene Stadt. Schließlich hetzen wir täglich an schönen Gebäuden, öffentlichen Gärten oder Statuen vorbei, ohne sie richtig wahrzunehmen. Dabei gilt es doch, im Alltäglichen das Wunderbare zu sehen.

20. Massage!

Zehn Minuten Massage reichen schon aus, um für ein wenig Entspannung im Schulter- und Nackenbereich zu sorgen. Mit kreisenden Bewegungen erst einmal den Rücken lockern, anschließend mit sanftem Druck von Daumen und Fingern das Massageöl auf der Haut verteilen.

21. Probiert das Hobby des anderen aus.

Malen, Judo, Eiskunstlauf, Parkour oder Stricken? Wer weiß, vielleicht findet ihr ja auch Gefallen daran und könnt künftig noch mehr Freizeit zusammen verbringen.

22.

Ohren gespitzt und zugehört!

Das tun wir doch täglich, könnte man meinen.
Ja, aber oft eben nur nebenbei.
Schafft euch bewusst Zeit, um den anderen einfach
mal reden zu lassen. So nehmen wir nämlich auch die
Zwischentöne wahr, die sonst eher untergehen.

23.

Sprecht euer Lieblingsbuch als Hörspiel ein!

Das sorgt mit verteilten Rollen und verstellten, lauten und leisen
Stimmen für gute Laune und geht mit dem Handy oder Tablet ganz
einfach. Am besten wählt ihr dafür ein Zimmer ohne Störgeräusche
wie vorbeifahrende Autos oder tickende Uhren. Auch ein
begehbarer Kleiderschrank eignet sich prima als Tonstudio.

24.

Umsorgt einander

Nach einem sorgenreichen Tag möchte
man sich am liebsten mit der Decke
auf die Couch mümmeln und umsorgt werden.
Hier die Wärmflasche, dort eine heiße Schokolade...
Darf's noch etwas sein?
Ja, denn der eine kümmert sich um den anderen.
Keine Sorge, natürlich gilt das andersherum
an einem anderen Tag genauso.
Eine Portion Liebe lässt nämlich
den größten Ärger vergessen!

25. Mistet mal richtig aus! □

Zugegeben, das fällt gar nicht so leicht. Dabei fühlen wir uns danach doch gleich viel besser. Probiert es aus. Zu zweit klappt es gleich viel schneller. Also Schubladen auf und weg mit der Zettelwirtschaft oder raus mit dem Kram im Keller.

26.
Nehmt euch einfach mal richtig fest in den Arm

Ohne zu sprechen, ohne Hintergedanken.
Es ist bewiesen: Ein langer, fester Drücker vertieft die emotionale Bindung und schüttet Botenstoffe aus, die uns Glücksgefühle bescheren.

□

27. Auf die Kochlöffel, fertig, los! ☐

Fordert euch zu einem Küchenduell auf.
Wer der Chef de Cuisine ist, das dürfen am
Ende eure Freunde oder Nachbarn entscheiden.

28. Habt ihr Tastgefühl?!

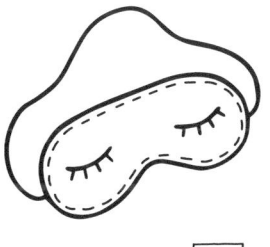

Verbindet eurem Partner/eurer Partnerin die Augen
und gebt ihm/ihr einen Gegenstand zum Ertasten in die
Hand, der für eure Beziehung steht – die gesammelten
Muscheln aus eurem letzten Strandurlaub, Reiskörner als
Erinnerung ans erste gemeinsam gekochte Risotto oder
den Kugelschreiber, den du dir als Vorwand von ihm/ihr
geliehen hast, um ihn/sie anzusprechen.

☐

29.
ÜBERWINDET DIE SCHWERKRAFT IM WINDTUNNEL

... und fliegt dem Himmel beim Indoor Skydiving, besser bekannt als Bodyflying, entgegen. Für den Boost mit ca. 180 km/h in 15 Metern Höhe sind vier Ventilatoren verantwortlich, die den freien Fall imitieren. Ihr betretet den Windkanal zwar nacheinander, könnt aber die Flugkünste des anderen beobachten und mit dem Handy dokumentieren.

30.
Spieleabend!

Mensch ärgere dich nicht, Uno, Memory, Mühle oder doch Schwarzer Peter? Kramt je euer Lieblingsspiel aus der Kindheit raus und macht euch einen gemütlichen Spielenachmittag. Für Stadt, Land, Fluss, Käsekästchen oder Schiffe versenken braucht ihr lediglich Stifte und Papier.

31.
Urlaubsfeeling in der Stadt

Tauscht in der Mittagspause den Bürostuhl gegen den Strandkorb oder steckt abends die Füße in den Sand. Weil es viele gute Gründe für das sommerliche Lebensgefühl gibt, veranstalten viele Städte zur warmen Jahreszeit sogenannte Kulturstrände. Mit leckeren Drinks zu passender Musik und dem/der Liebsten im Arm wird die Vorfreude auf den nächsten Urlaub gleich noch einmal größer.

32.
Schlafen wie die Eskimos!

Verbringt eine Nacht im Iglu. Dafür werden Jahr für Jahr inzwischen auch ganze eisige Dörfer errichtet. Manche von ihnen bieten sogar einen privaten Jacuzzi in der Romantik-Suite sowie eine öffentliche Sauna, die wohlige Wärme spendet. So z. B. auf dem höchsten Berg Deutschlands, der Zugspitze, in 2.600 Metern Höhe (www.iglu-dorf.com).

☐ **33.**

ALLES IN BALANCE?

Bundesweit gibt's inzwischen Slackline-Spielplätze. Fast immer trifft man dort jemanden, der auf einer Leine steht, springt oder liegt. Einfach mal nett fragen, dann lassen euch die Jungs und Mädels gerne auch aufs Seil und geben Tipps. Denn wie so oft im Leben, kommt es auch hier auf die Balance an.

34.

☐

Macht einen
Baristakurs

Ob Kaffee, Cappuccino oder Latte macchiato, das koffeinhaltige Heißgetränk ist für viele der Lichtblick am frühen Morgen. Auch für euch? Dann lernt, wie man den Milchschaum perfekt auf dem schwarzen Gold drapiert – natürlich inklusive „Latte Art" für ein Milchschaum-Herz.

□ 35.

FOTO-L♥VE-STORY

Bucht ein Foto-Shooting beim Profi und post für eure persönliche Foto-Love-Story. Überlegt am besten vorher, ob es eher lustige Bilder werden sollen, was ihr anziehen wollt (z.B. alles in weiß) oder ob alles unter einem Motto steht – und genießt die aufregenden Momente im Scheinwerferlicht!

36. Story time!

Setzt euch in ein Café und denkt euch verrückte Geschichten über die anderen Gäste aus. Ist der alte Herr ein Millionär? Versteckt sich hinter der großen Sonnenbrille der Businessfrau etwa eine berühmte Schauspielerin? Oder streitet sich das junge Pärchen am Nebentisch um das Hochzeitsdatum? Eurer Fantasie sind keine Grenzen gesetzt.

□

37.
Entdeckt die Welt von einer fremden Couch aus!

Kein Bett im Kornfeld, sondern ein Sofa in jeder Stadt findet ihr nämlich beim Gastgeber-Netzwerk couchsurfing.com, das weltweit kostenlose Übernachtungsmöglichkeiten für kontaktfreudige Globetrotter koordiniert.

☐

38. BEREIT FÜR EINEN SERIENMARATHON? ☐

Dann stellt eure Handys stumm, dunkelt das Wohnzimmer ab und macht es euch mit einer großen Schüssel Popcorn zu „Scandal", „Haus des Geldes" oder „Brooklyn Nine-Nine" gemütlich.

39. Der andere ist ein offenes Buch? ☐

Von wegen! Denn jeder hat das eine oder andere „Geheimnis", das noch nicht ausgepackt wurde. Erzählt euch deshalb etwas, das ihr bisher verschwiegen habt.

40.
TOP 5

Überlegt euch fünf Dinge, warum der andere großartig ist, schreibt sie auf und lest sie euch gegenseitig vor. ☐

41. Geht ins Kino! ☐

Der Film ist eigentlich egal, denn ihr knutscht in der letzten Reihe wie frisch verliebte Teenager.

42.
Schnallt euch die Schlittschuhe an

und zieht Hand in Hand gemeinsam eure Bahnen. Besonders schön ist der Winterzauber auf einem gefrorenen See oder Kanal mit geringer Wassertiefe (natürlich muss die Eisfläche offiziell freigegeben sein). ☐

43.
Eine Nacht im 1.000-Sterne-Hotel

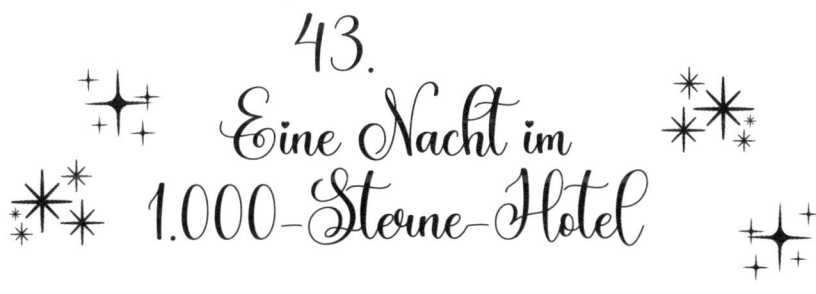

Laue Sommerabende sind wie geschaffen für verträumte Stunden unter freiem Himmel – und zwar daheim im Zelt in eurem eigenen Garten oder auf Luftmatratzen auf dem Balkon. ☐

44. Ohne Worte!

☐

Reden ist Silber, Schweigen ist Gold. Ja, es ist wirklich schön, wenn man zusammen lachen und quatschen kann, aber eben unbezahlbar, wenn man sich auch ohne Worte versteht. Versucht 24 Stunden durchzuhalten und findet Wege, wie ihr trotzdem miteinander kommunizieren könnt. Aber: Finger weg von WhatsApp!

45.

☐

Spielt Amor

und verkuppelt zwei eurer Single-Freunde. Essen, Spieleabend oder Kaffeeklatsch – wie wollt ihr es am cleversten anstellen, damit der Plan aufgeht?

46. VERKLEIDET EUCH AN FASCHING ODER HALLOWEEN ALS

Film-Liebespaar

IN DAZU PASSENDEN KOSTÜMEN.

Baby & Johnny (Dirty Dancing)
Sandy & Danny (Grease)
Will & Elizabeth (Fluch der Karibik)
Edward & Bella (Twilight)
Robin & Lady Marian (Robin Hood)

☐

47. ☐

WELTNUDELTAG, JOGGINGHOSENTAG ODER SPRICH-WIE-EIN-PIRAT-TAG...

sucht euch die verrücktesten kuriosen Feiertage
aus und zelebriert sie jedes Jahr aufs Neue!

48.
Hebt gemeinsam ab!

Der Heißluftballon wartet – und schon der
Moment, wenn ihr in den Korb klettert und leicht
über dem Boden schwebt, ist einfach beflügelnd.
Wohin die Reise geht, entscheidet der Wind.

☐

Alles hört auf mein
Kommando!
49. ☐

Einen kompletten Tag lang wird nur das gemacht, was er möchte.
Am nächsten Tag wird der Spieß natürlich umgedreht und sie hat die Hosen an.

Leiht euch eine Vespa,

setzt euch gegenseitig die Helme auf und rollt
aneinander geschmiegt durch die engsten Gassen
der Heimatstadt, über Landstraßen vorbei an
Blumenwiesen und durch lichtdurchflutete Wälder
an einen lauschigen See oder in die Berge.

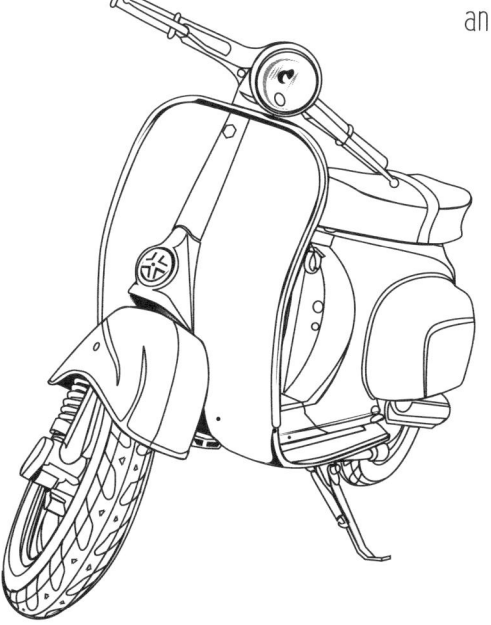

51.
Candle Light Dinner at home

Bestellt ein 3-Gänge-Menü im Nobelrestaurant, macht euch richtig hübsch, deckt das schönste Porzellan auf und verbringt einen romantischen Abend bei Kerzenschein.

52. Vorfreude ist die schönste Freude?

Nicht immer! Auch Spontanität löst Kribbeln im Bauch aus. Packt das Nötigste zusammen und fahrt kurzfristig ans Meer oder in eine andere Stadt.

53.
Findet euer ganz eigenes
Ritual

Eine Tradition ist etwas Schönes, das verbindet.
Wie wäre es, wenn ihr jedes Jahr an Halloween einen Kürbis schnitzt, euch am ersten Tag des neuen Monats eine kleine Aufmerksamkeit schenkt oder den Valentinstag immer zusammen in einer anderen Stadt verbringt?

54. ☐

Sweets for my sweet!

Mousse au Chocolat, Panna Cotta, Pudding oder Crème brûlée.
Eigentlich seid ihr schon proppenvoll, doch was Süßes geht immer.
Vor allem, wenn ihr die Nachspeise teilt und sie von einem Teller
löffelt. Gegenseitiges füttern ist ausdrücklich erlaubt. Schließlich
gilt das Dessert als Highlight nach einem gelungenen Abend.

55. ☐

Puzzle time!

Ihr beide habt euch als passendes Gegenstück schon gefunden.
Los geht die Suche nach dem maßgeschneiderten Teil beim 1.000-Teile-
Puzzle. Kleiner Tipp: Verwandelt euer schönstes Urlaubsfoto in ein
Puzzlemotiv, das zur Wanddekoration zusammengesetzt wird.

56.
GESTALTET ZUSAMMEN EiN
FOTOBUCH

☐

Ob als digitales Fotobuch oder
als klassisches Album, erzählt
eure Liebesgeschichte in Bildern
und schwelgt in Erinnerungen
bei der Motivauswahl.

57. Clean up day ☐

Die Umwelt geht uns alle an und gemeinsam seid ihr
eh unschlagbar! Schnappt euch die Greifzange und
sammelt zusammen den Plastikmüll im Wald, am See
oder Fluss und leistet einen Beitrag für die Natur.

58.
Drei Dinge sollte man . . .

... der alten Volksmeinung nach in seinem Leben tun:
Ein Haus bauen, ein Kind zeugen und einen Baum
pflanzen. Ihr könnt ja mal mit Letzerem anfangen und
gemeinsam ein Nadel-, Obst- oder Ziergewächs als
euren Liebesbaum einpflanzen.

☐

We-Time

Längst überfällig ...! Wie wär's mal wieder mit einer gemütlichen Zeit zu zweit?
Wir haben entspannte Rückzugsorte entdeckt:

Luxus & Wellness

- Alpine Luxury Gourmet & SPA Hotel Lermoos in Tirol, www.post-lermoos.at
- Mit 44.000 qm Schlosspark rund ums 5-Sterne-Superior Wald- & Schlosshotel Friedrichsruhe, www.schlosshotel-friedrichsruhe.de
- Full-Service Luxus Chalets im Bergdorf Prechtlgut, www.prechtlgut.at
- Wellnesshotel Peternhof im Tiroler Kaiserwinkl, www.peternhof.com

Sport & Action

- Sportresidenz Zillertal für Lifestyle, Exklusivität und Genuss, www.sportresidenz.at
- Sport- und Wellnesshotel Held im Zillertal, www.held.at
- Alles kann, nichts muss im Hotel Blü Gastein, www.hotelblue.at
- Das Hohe Salve Sportresort #moveandrelax, www.dashohesalve.at

Familie (mit Betreuung) & Erlebnis

- Zugspitz Resort inmitten der Tiroler Natur, www.zugspitz-resort.at
- Lifestyle, Family, Spa im My Alpenwelt Resort in Königsleiten, www.alpenwelt.net
- 4-Sterne-Superior-Resort Alpina Kössen, www.hotel-alpina.at
- Alpenrose Familux Resort für Familienurlaub auf der Sonnenseite der Zugspitze, www.hotelalpenrose.at

59.
Der perfekte Tag im Grünen ist heute

Picknickkorb mit kleinen kulinarischen Genüssen packen und ab mit euch auf eine Blumenwiese, an den See oder in den Park. Jetzt noch ein Glas Prosecco, Champagner oder Crémant und das Glück ist perfekt.

☐

60.
Zündet zusammen ein Feuerwerk,
☐

das ihr Arm in Arm anguckt.
Alternativ wirken auch Wunderkerzen magisch.

61.

IN 20 JAHREN GEHT'S
ZURÜCK IN DIE ZUKUNFT,

wenn ihr die kleine Kiste als Zeitkapsel ausbuddelt, die ihr jetzt mit Dingen füllt, deren wahre Bedeutung nur ihr beide kennt.

☐

62.
Wünscht euch was! □

Haltet die Augen offen, wenn ihr in den klaren Nachthimmel blickt.
Habt ihr sie unter den ca. 6.000 Sternen, die ein Mensch
mit bloßem Auge am Himmel erkennen kann, flitzen sehen?
Dann zählt die Sternschnuppen und wünscht euch was.

63.
Malt euch den
„schönsten Tag eures Lebens" aus

Märchenhaft mit Kutsche und der ganzen Verwandtschaft, schnell ins
Standesamt und wieder zurück oder doch lieber gemütlich zu zweit
am Strand – wie könnte eure Hochzeit aussehen? Überlegt euch ein
mögliches Datum und was ihr tragen werdet. Vielleicht kommt ihr ja
auf den Geschmack und aus dem Tagtraum wird Wirklichkeit?
Ihr seid schon verheiratet? Wie wäre es mit einer zweiten Trauung als
Erneuerung eures Gelübdes?

□

64.

ICE, ICE, BABY!

Es müssen nicht immer die beliebten Sorten Vanille, Schokolade oder Stracciatella sein. Bestellt euch in der besten Eisdiele der Stadt eine Eissorte, die ihr beide noch nie probiert habt. Fröhliches Naschen!

☐

65.

Malt miteinander ein Bild

... und lasst euch auf das nonverbale Experiment ein.
Die Farben und Formen verbinden euch nämlich auf eine ganz besondere und intensive Art. Nun braucht das erschaffene Werk nur noch einen Titel.

☐

66.

Es ist Wochenende und draußen herrscht Regenwetter? Wunderbar! Packt alles von der To-do-Liste auf die Was-soll's-Liste und verbringt

DEN GANZEN TAG IM BETT!

☐

67.

GEBT VOLLGAS BEIM GO-KART-DUELL

und beweist euch gegenseitig,
dass ihr der bessere Fahrer seid.
Der Sieger hat einen Wunsch frei.

68. Eishockey, Fußball, Basketball

Geht zusammen zu einem Heimspiel und feuert euren/
seinen/ihren Lieblingsverein an. Auch wenn er/sie
den Sport vielleicht nicht so mag, ist das Drumherum
inklusive Würstchen essen doch immer ein Erlebnis.

69.

Kauft ein Sparschwein und füllt es jeden Tag mit einem Euro.

Am Monatsende geht ihr von dem Geld Eis essen, besucht
ein Museum oder nehmt einen Drink in einer Cocktailbar.
Oder aber ihr spart für einen größeren Traum, den ihr euch
in einigen Jahren zusammen erfüllt.

70.

EiN BESUCH iM ZOO

Sind's die Affen, die Elefanten oder
doch die Löwen? Geht in den Tierpark
oder Streichelzoo und zeigt euch eure
Lieblingstiere. Vielleicht könnt ihr euch
ja von den Pinguinen etwas abgucken,
die ganz dicht aneinander rücken, um
sich zu wärmen.

☐

71. Knobelspaß!

Das wohl spannendste Rätsel-Abenteuer wartet auf euch, wenn ihr euch als Team aus einem Escape Room befreit.

72. Eine ausgelassene
Schneeballschlacht

unter Verliebten endet immer in wildem Geknutsche im Schnee. Worauf wartet ihr dann noch?

73. BACK TO THE
ROOTS

Macht einen Ausflug in eure Kindheit und zeigt euch gegenseitig eure Lieblingsplätze als ihr klein wart.

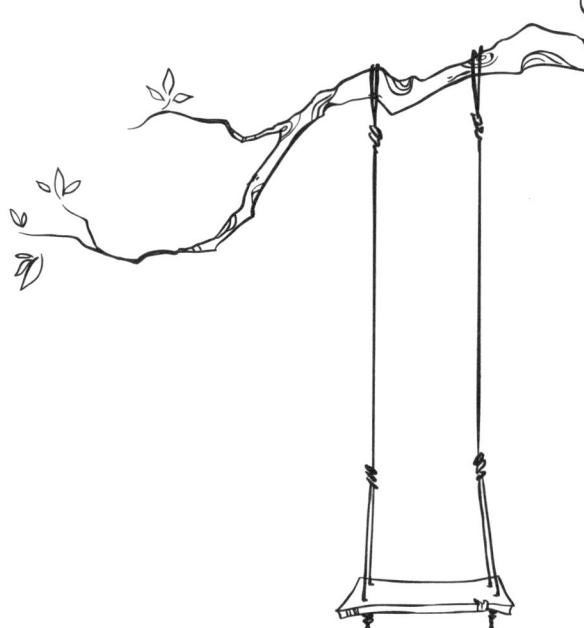

74.
Cocktail Time

Besucht eure Lieblingsbar und probiert euch durch die
Cocktailkarte. Den Drink könnt ihr euch natürlich auch teilen
und mit zwei Strohhalmen gleichzeitig daran schlürfen.

75.
MÄNNERRUNDE
vs.
Lady-Beauty-Abend ♡

Verbringt ein Wochenende getrennt und schafft
euch so die Gelegenheit, euch zu vermissen.
Das Wiedersehen wird dann umso schöner.

76. Gemeinsam
ist alles halb so wild.

Jeder hat Ängste und Sorgen.
Erzählt euch davon, auch wenn es vielleicht nicht
so einfach ist, über seinen Schatten zu springen.

77.

Open-Air-Kino!

Bei Einbruch der Dunkelheit, heißt es: Film ab unter freiem Himmel.
Schaut euch einen Klassiker an und rutscht näher zusammen.
Nehmt unbedingt eine Kuscheldecke mit – je länger der Film dauert,
desto kühler kann es auch im Sommer werden.
Außerdem ist es so doch viel gemütlicher.

78.

PING PONG!

Spielt Tischtennis gegeneinander. Wer zuerst 21 Punkte erzielt,
hat gewonnen. Falls keine Platte in der Nähe sein sollte, könnt ihr
auch einfach den Esstisch zweckentfremden. Räumt den Tisch
ab, sorgt für Platz und legt Küchen- oder Toilettenpapierrollen
als Netz in die Mitte. Keine Schläger? Nehmt z. B.
Frühstücksbrettchen! Schon kann das Match starten.

79. Klettern ist angesagt! ☐

Eingebettet in Baumriesen zeigt jeder von euch seine Kletterkünste im Hochseilgarten oder Kletterwald. Motiviert den anderen an den einzelnen Abschnitten und helft euch gegenseitig, die Angst zu überwinden, wenn ihr über Seile balanciert, Netze hochhangelt oder Pfähle bezwingt.

80. Baut einen Schneemann, ☐

wenn eure Heimat als Winterwonderland erstrahlt. Rollt dazu drei dicke Schneekugeln, stapelt sie aufeinander und verpasst eurem Frosty ein fröhliches Gesicht.

81. Babysitting!

Passt gemeinsam auf das Kind eurer Freunde oder Nachbarn auf - als kleine Übung für die gemeinsame Zukunft.

☐

EURE **82.** LIEBLINGSBAND
SPIELT IN DER STADT?

Besorgt Karten und geht
zusammen aufs Konzert.

Schaukelt eine Runde auf dem

83. Abenteuerspielplatz.

Wer möchte, darf den Partner/die Partnerin anschubsen. Ist das Kind in euch geweckt?
Dann saust auch die Rutsche herunter oder erklimmt das Klettergerüst.

84.
AUGEN
AUF!

... heißt es für euch Hobby-Künstler beim nächsten
Spaziergang, denn aus euren gesammelten, flachen Steinen
werden wahre Kunstwerke. Für eine glatte und saubere
Oberfläche erst mal den Dreck entfernen. So haften
Filzstifte, Öl-, Wasser- und Fingerfarben besser. Ob Blumen,
Tiere, Wünsche oder Gesichter, mit jedem Strich entstehen
tolle Buchstützen, Türstopper oder Glücksbringer.

85. Lauft eine Joggingrunde

... und freut euch anschließend auf die gemeinsame heiße Dusche. Okay ... die Faulpelze unter euch können auch gleich zusammen unter die Dusche hüpfen.

86. Die Bühne gehört euch!

Zeigt als Duo in einer Karaokebar euer Gesangstalent, trällert „Angels" von Robbie Williams und schwingt die Luftgitarre. Das Publikum gibt in der Regel schon allein für den Mut Applaus.

87.

Pflückt auf dem Feld

ganz frische Erdbeeren,

nascht zwischendurch und kocht später eure eigene
Marmelade aus den süßen Früchtchen.
Mhmmm, lecker!

☐

88. FKK DAHEIM! ☐

Verbringt einen Tag im Adam-und-Eva-Look und lauft nackt durch die Wohnung.
Natürlich nur, wenn ihr keinen Besuch erwartet :)

89. Kissenschlacht!

Lasst die Federn fliegen und schüttelt
die Decken bis es wie bei Frau Holle schneit,
kitzelt und knutscht euch und geht auf Tuchfühlung.

☐

90.
An die Stifte, fertig, los!

Zeichnet euch gegenseitig und benotet eure
Kunstwerke. Aber denkt daran: Nicht jeder ist
ein geborener Picasso. Also nicht böse sein,
wenn nur ein Strichmännchen das Ergebnis ist.

91. WARUM AUF DEN NÄCHSTEN
STROMAUSFALL WARTEN?

Löscht alle Lichter und zündet
Kerzen an, die ihr überall in der
Wohnung verteilt.

92.
Leinen los
und Segel setzen!

... denn ihr stecht in See! Das Spiel aus Wasser und Wind wird euch
schnell in seinen Bann ziehen. Gönnt euch ein Gläschen Prosecco
oder Champagner an Deck inmitten der herrlichen Naturkulisse und
lasst euch von den Sonnenstrahlen an der Nase kitzeln.

93.

Backe, backe, Kekse ...!

Eure Küche wird zur Konditorei, wenn ihr zusammen Kekse backt.
Die Verzierung könnt ihr auch für kleine Liebesbotschaften nutzen.

94.
TIEF LUFT HOLEN,
JETZT WIRD GEPUSTET!

Alles, was ihr zum Soft-Fußballspiel braucht, ist ein Wattebausch
und ein freigeräumter Esstisch, der als Spielfeld dient. Mit Kreppband
werden Mittellinie sowie Tore geklebt und schon kommt der Anpfiff.
Wer pustet den Wattebausch ins gegnerische Tor?

95.

Dreht die Musik voll auf,
singt lauthals mit und tanzt
dabei durchs Wohnzimmer.

96.

Statt zu schimpfen, dass der Partner
wieder an der Playstation oder Xbox zockt,
einfach den zweiten Controller schnappen
und gegeneinander Autorennen fahren
oder als Team die fiesen Gegner besiegen!

97.

Würdest du einmal nur die Welt durch meine Augen sehen …

Das geht: beim Rollentausch.
Für einen Tag übernimmt sie daheim seine Aufgaben und
er ihre To-dos im Haushalt, am Telefon oder beim Einkauf.
Am Abend wird dann resümiert.

98.

Wohlige Wärme,
leise Klänge und
vitalisierende Düfte

... warten in der Sauna auf euch. Die hohen Temperaturen entspannen Körper und Geist und sind nicht nur gut für Haut und Abwehrkräfte, sondern auch fürs Herz, das sicher beim Anblick des Partners/der Partnerin höher schlägt.

99. Keller entrümpeln
oder Steuererklärung?

Erledigt gemeinsam Dinge, auf die ihr beide nicht so wirklich Lust habt, die aber trotzdem gemacht werden müssen. Das wird euch noch mehr zusammenschweißen.

100.
Herzklopfen pur

Höre, wie das Herz des anderen pocht, indem du
deinen Kopf auf die Brust deines Partners legst.
Schlagen eure Herzen im gleichen Takt?

101. Tiger, Drache oder doch Fee?

Bemalt euch gegenseitig mit Fingerfarben im Gesicht und nehmt jeden einzelnen Klecks als Berührung wahr. Erinnerungsfotos nicht vergessen, wenn aus euch ein Tiger oder eine Fee geworden ist.

☐

102. Schoko-FONDUE!

Taucht Obst abwechselnd in Zartbitter-, Vollmilch- und Weiße Schokolade und füttert euch gegenseitig mit den süßen Früchtchen.

☐

103. Knuddelzeit

Spürt die Wärme des anderen und kuschelt solange, bis ihr Arm in Arm ganz verschlungen eingeschlafen seid. Süße Träume!

☐

104. GOLF, KICKBOXEN, TENNIS, ZUMBA, BADMINTON ...

Findet zusammen eine (neue) Sportart, die euch beiden Spaß macht.

☐

105.
Rien ne va plus

☐

Geht ins Casino, setzt beim Roulette eure Zahlen (Geburtstag, Kennenlerndatum, Hochzeitstag) und räumt den Jackpot ab. Pech im Spiel? Glück in der Liebe!

106. Macht Fun-Foto-Selfies

und schickt die verrückten Schnappschüsse mit Grimassen, Sonnenbrille oder Hasenohren samt schönen Grüßen in die WhatsApp-Familien- oder -Freundesgruppe.

☐

107. ☐
Singing in the rain

Befolgt den 70er-Song von Michael Holm und tanzt (barfuß) im
Regen – natürlich ohne Schirm, dafür so glücklich wie noch nie.

108.

Frühstück ist die wichtigste
Mahlzeit des Tages!

Zelebriert den genussvollen Start in den Tag und geht richtig
ausgiebig Brunchen – mit Rührei, Tomate & Mozzarella zu
hausgebackenen Brotsorten, Gemüse-Quiche und frisch
gepresstem Orangensaft, Kaffee und Prosecco. Herrlich!

☐

109.
Alles auf Anfang

Wie war euer erstes Date? Wiederholt es!
Und zwar genau so, wie es damals war.
Welche Kleidung hattet ihr an? Wo habt ihr euch getroffen?
Worüber habt ihr geredet? Erinnert ihr euch noch?

☐

110.

Lasst die Badewanne ein

und nehmt zu zweit ein schönes, heißes Öl- oder Schaumbad,
während um euch die Teelichter zwischen den Blütenblättern
flackern. Gegenseitiges abtrocknen danach ist selbstverständlich.

111.

Emma, Jonas, Emilia, Leon, Lara und Felix

gehören seit Jahren zu den beliebtesten Vornamen.
Überlegt euch, wie euer vielleicht zukünftiges
(erstes, zweites oder drittes) Baby heißen soll.

112.
Speed Dating!

Meldet euch zusammen an und küsst euch,
sobald ihr euch gefunden habt!

113.
Maritime Romantik

Schreibt eure gemeinsamen Wünsche auf,
steckt den Zettel in eine Glasflasche und
schickt die Flaschenpost auf Reisen.

114. Partner
in Crime

Besucht ein mörderisches Krimi-Dinner, ermittelt
am Tatort und befragt eure Verdächtigen im Stil
von Edgar Wallace, Columbo oder Sherlock Holmes.
Begleitet wird der Theaterabend von einem feinen
4-Gänge-Menü.

115. Geht in den Wald,

☐ sucht den perfekten Weihnachtsbaum, fällt ihn und schmückt ihn gemeinsam bei euch zuhause. Die hübschen Lichterketten sorgen für den Wohlfühlfaktor, während ihr euch mit Glühwein und heißen Maronen belohnt.

116.
my home is my castle
☐

Fühlt euch während einer Schloss- oder Burgbesichtigung wie ein Königspaar und schlüpft in die Rolle der Hausherren, ehe ihr durch die weitläufige Parkanlage schlendert und Anweisungen für eure Angestellten (Gärtner, Köchin, Kammerzofe) fantasiert.

117.
„I'm shoutin' from the rooftop, baby"...

Macht es wie Nico Santos und schreit bei der nächsten Terrassenparty eure Liebe von den Dächern der Stadt, singt, tanzt und genießt einen Sundowner.

☐

118.
GEHÄMMERT, GESCHRAUBT UND GEBOHRT

wird beim Aufbau eines Möbelstücks.
Denn wer ohne Streit und Anleitung
zusammen einen Schrank, z. B. vom bekannten
schwedischen Hersteller, aufgestellt bekommt,
der wird auch andere Hürden meistern.

119.

Schnucki, Äffchen, Darjeeling ...

Gebt euch gegenseitig Kosenamen und zwar abseits von
„Schatz", „Maus" und „Engel" (das sind die beliebtesten
deutschen Spitznamen von Männern für Frauen) oder „Hase"
und „Bärchen" (so nennt die Frau ihren Mann am häufigsten).

120. Beschreibt euch gegenseitig in nur drei Worten.

Welche Eigenschaften fallen euch zu eurem
Partner/eurer Partnerin spontan ein?

121.
Lebkuchenherzen nicht vergessen!

Lass dir von deinem Partner auf dem Jahrmarkt einen Teddy schießen. Sei aber nicht traurig, wenn es nicht klappt. Dein ganz persönlicher Kuschelbär ist ja bereits an deiner Seite.

☐

122.
BODYPAINTING! ☐

Farbe kommt in eure Partnerschaft, wenn ihr euch gegenseitig auf der nackten Haut mit Schwamm und Pinsel bemalt. Lasst eurer Kreativität freien Lauf. Kleiner Tipp: Es gibt auch essbare Farben, die den Körper nach Schokolade, Kirsche oder Maracuja schmecken lassen.

123.
Wolkenkino

Wählt einen warmen Sommertag mit vielen Wolken am Himmel, legt euch ins Gras, schaut nach oben und erzählt euch, was ihr seht. Auch, wenn sich hinter der sogenannten Pareidolie Fehlinterpretationen unseres Gehirns verbergen, sind lachende Gesichter, große Tiere oder zwei ineinander verschlungene Herzen in den treibenden Wolken einfach schön.

☐

124.
Magische Nächte!

Bewundert die magischen Polarlichter als farbiges Wechselspiel zwischen Sonne und Erde bei klarer Nacht. In Ländern wie Norwegen, Schweden, Finnland, Schottland, Island, Kanada, Alaska und Neuseeland sind die leuchtenden Schleier die große Attraktion des Winters, aber auch in Deutschland zeigt sich jährlich vier- bis achtmal der Himmelstanz.

☐

125.
Yoga-Session

Findet die innere Ruhe – Yoga tut vom ersten
Atemzug an gut, beeinflusst nicht nur den Körper,
sondern auch den Geist. Zumindest solange
man konzentriert und gedanklich bei sich ist.
Jeder für sich und doch gemeinsam, z. B. bei
Mental Soul Coach Jane Uhlig im Yoga-Garten
oder bei ihrem Yoga Morning Flow via YouTube
(www.janeuhlig.de/mental-soul-coaching).

126. Schau mir in die Augen, Kleines

... und zwar ohne Gestik, ohne Gespräch, ohne Berührung. Eure Blicke treffen sich und ihr versinkt in den Augen des anderen. Sind es Stunden, die sich wie Minuten anfühlen?

☐

127. Kramt in der Fotokiste ...

... und erzählt euch je passend zum Motiv von eurer Kindheit oder einen Schwank aus der Teeniezeit. War der Liebste schon damals ein goldiger Lausbub und die Partnerin ein süßer Sonnenschein?

☐

128. PUTZTEUFEL! ☐

Wedelt mit dem Putzlappen und bringt eure Wohnung so richtig auf Vordermann. Abstauben, Böden wischen, Fenster putzen – viele Hände bereiten bei der Großreinigung ein flinkes Ende und ihr fühlt euch gleich doppelt wohl in eurem blitzeblanken Zuhause. Zwischendurch küssen nicht vergessen!

129.
Feuer frei!

Schießt euch gegenseitig beim Paintball mit Farbkugeln
ab und geht dazu in alter Katz-und-Maus-Manier auf die Jagd.
Lasertag ist die harmlosere Variante, die trotzdem für Action sorgt.

130.
WERFT „STRIKES" UND „SPARES"
BEIM BOWLING!

Was in den USA als Volkssport und Teil
der Popkultur gilt, ist 1920 zu uns nach
Deutschland übergeschwappt. Doch erst
Ende der 90er Jahre kam der Boom und mit
ihm viele Bowlingcenter. Bereit für ein Duell?

131.
Taucht
zusammen ab!

... wenn ihr Schnorcheln geht, um die fantastische, farbenfrohen Unterwasserwelt zu entdecken. Vielleicht ja im weltgrößten Korallenriff „Great Barrier Beef" im australischen Sonnenstaat Queensland (www.queensland.com). Es besteht aus mehr als 1.000 Inseln und ca. 3.000 Einzelriffen, in denen sich über 1.600 Fisch– und 600 Korallenarten tummeln. Vielleicht aber auch erst einmal im heimischen Schwimmbad?

☐

132.
Schnappt frische
Luft im Naturpark

Zwischen unberührter Landschaft geht's auf geschwungenen Wegen und über ausgedehnte Wiesen ohne Großstadtlärm, dafür in aller Ruhe auf Wanderschaft. 50 Millionen Schritte machen wir übrigens in unserem Leben. Damit könnte man einmal um den Erdball laufen! Wie viele seid ihr schon gemeinsam gegangen?

☐

133. Im Dunkeln ist gut munkeln

Denn beim „Dinner in the Dark" nehmt ihr Aromen und Gerüche viel intensiver wahr. Besucht dafür ein Dunkelrestaurant oder lasst euch daheim vom jeweils anderen bekochen und auf ungewohnte Sinnesreise schicken.

134.
ROCKT ZUSAMMEN AUF EINEM FESTIVAL

Schlamm, Bier, Crowdsurfer beim Main-Act am Sonntag und Ravioli aus der Dose: Rock am Ring, Hurricane, Coachella, Taubertal, Southside, Wacken und viele weitere Open Airs warten den ganzen Sommer lang.

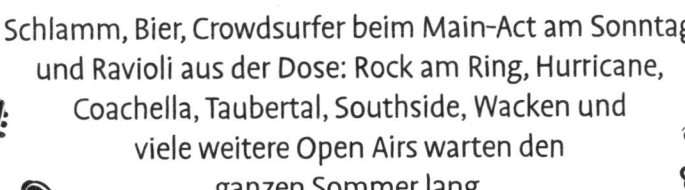

135.
Befragt die Sterne ☐

Jedem Sternzeichen werden diverse Eigenschaften nachgesagt. Lasst euch vom Astrologen anhand eures jeweiligen Geburtszeitpunkts ein Partnerhoroskop erstellen, das euch eure Chancen, Möglichkeiten und auch Herausforderungen zeigt.

136. Bringt Farbe in den Alltag

Streicht eure Wohnung oder gleich das ganze Haus! Für Innenräume gilt: Erst die Decke, dann die Wände – angefangen bei den Lichtquellen über die Ecken bis hin zur Wand. So richtig nach Malerarbeiten seht ihr aber erst mit dem obligatorischen Farbtupfer auf der Nase aus. Jetzt noch ein Eskimokuss, perfekt!

☐

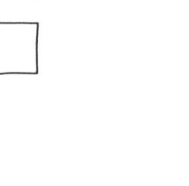

137.
Küsst euch unterm Mistelzweig

Denn was Hollywood kann,
könnt ihr schon lange.
Schließlich werden dem Gewächs der
nordischen Sage nach magische Kräfte
der Liebesgöttin Frigga zugeschrieben.

138.
IMMER DABEI!

Steckt ein Foto von euch in
den Geldbeutel des anderen.
Oldschool? Vielleicht!
Aber sooo schön!

139. Fingerübung

Zeichnet mit dem Finger Bilder auf den
Rücken des anderen, der erraten muss,
was es sein soll. Eine Sonne, ein Haus
oder doch ein Herz mit Amors Pfeil?

140.
PUTZT EUCH GEGENSEITIG DIE ZÄHNE

Lass deinen Partner deine Zähne putzen und putze
du die Zähne deines Liebsten. Mit verbundenen
Augen wird's noch lustiger.

141.
Schlaft gut!

Jeder hat seinen Lieblingsplatz im gemeinsamen Bett, richtig?
Dann tauscht die Bettseite. So könnt ihr gleich testen, ob eine britische
Studie Recht behält. Sie besagt: Wer rechts im Bett liegt, wacht
morgens oft nicht so erholt auf wie der Schatz auf der anderen
Bettseite. Vielleicht auch eine nette Ausrede für den Morgenmuffel?!

142. Lasst einen Drachen steigen

Wenn er elegant durch die Luft gleitet, macht sich auch bei euch ein Gefühl der Entspannung breit. Probiert's aus. Oder ihr geht sportlich an die Sache ran und zeigt einen der über 150 Trickflugfiguren.

143.

Macht eine Bar- und Restaurant-Hopping-Tour

Bestellt dabei immer nur Kleinigkeiten und zieht dann weiter.
Wie sieht der Fahrplan für euren Abend aus?
Wie viele Locations werdet ihr besuchen?

144.
ON AIR!

Ruft beim Radiosender an und wünscht euch den Song, der euch verbindet, zu dem ihr das erste Mal getanzt oder euch geküsst habt: „euer Lied".

☐

145. ☐

Nehmt an einem Sport-Event teil

Laufen, Triathlon, Hindernislauf oder gleich beim Gettingtough ins Extreme gehen ...
Ganz egal, wann und wie ihr es ins Ziel schafft. Davor wird natürlich zusammen trainiert und motiviert, evtl. sogar beim Profi. Denn Extremsportler Markus Ertelt coacht euch zweimal im Jahr in seinem Athletic Camp auf Zypern (www.athleticcamp.de). Sein Buch „365 Tage Fitness" gibt's übrigens auch bei uns im HEEL Verlag ;)

146.
„Wahrheit oder Pflicht?"

Fragt euren Partner/eure Partnerin alles, was ihr schon immer von ihm/ihr wissen wolltet. Und lasst euch etwas Fieses einfallen, damit er/sie gar nicht erst „Pflicht" wählt.

☐

147.

Mietet ein Reisemobil

(z. B. beim Campervan-Experten www.roadsurfer.com mit 56 Stationen in 12 Ländern in Europa und den USA) und lasst euch auf die Freiheit, Unabhängigkeit, Erholung und echte Abenteuer inmitten der Natur ein. Camping ist schließlich mehr als Urlaub, Camping ist ein Lebensgefühl.

☐

148.

Erzählt euch gegenseitig eure

Liebesgeschichte

Ihr werdet staunen, wie der andere euer Kennenlernen wahrgenommen und was er empfunden hat. ☐

149.
Teilt euch auf dem Volksfest oder Weihnachtsmarkt eine Zuckerwatte.

Ja, es ist eine klebrige Angelegenheit ..., aber auch wahnsinnig süß,
wenn ihr euch mit den zuckrigen Wolken füttert.

150.
Wer bremst, wer lenkt?

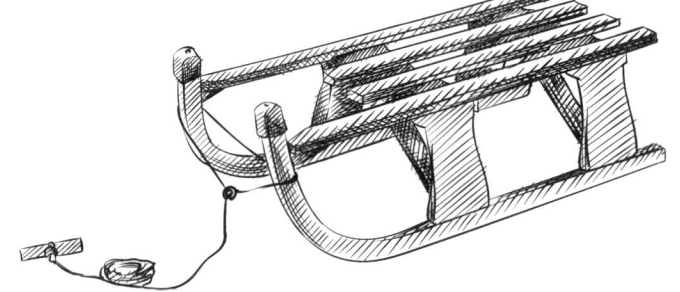

Fahrt gemeinsam auf
einem Schlitten einen
schneebedeckten
Berg hinunter.
Auch Sommerrodelbahnen
haben es in sich.
Der Vorteil: Ihr bekommt
keine kalten Hände und
nassen Füße.

151. SPIELT EINE RUNDE MINIGOLF

Gerne dürft ihr eurem Partner
auch zeigen, wie man den
Schläger richtig hält.

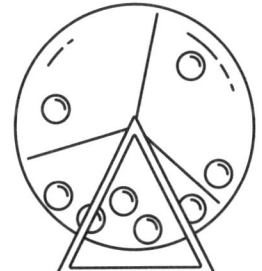

152.
SPIELT LOTTO

Kauft euch einen Lottoschein mit den Zahlen, die euch
verbinden, und schwelgt in Tagträumen, was ihr mit
dem Gewinn alles machen, kaufen und erleben könntet.
Toi toi toi!

153.
Schnick, Schnack, Schnuck

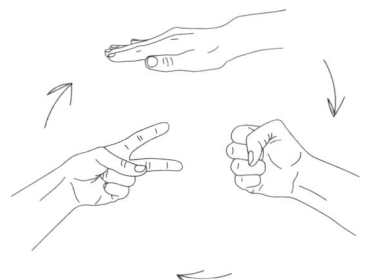

Wer gewinnt bei „Stein, Schere, Papier"?
Erkennt ihr das Spielmuster des anderen, wenn
ihr auf Kommando gleichzeitig eure Finger zeigt?
Versucht, euren Schatz zu durchschauen.

154.

Eine Erinnerung für die Ewigkeit

Knipst euch einmal im Jahr in immer gleicher Position und fügt alle Fotos nach 10, 20 oder 30 Jahren als Collage zusammen.

155.
Meditiert wie ein Buddha

... und verabschiedet euch vom Alltagschaos. Denn schon bei der Einführung in die indische Tradition vergesst ihr alles um euch herum und findet euer inneres „Oooom".

156.
Unternehmt eine Nachtwanderung

... auf eigene Faust durch den Park oder als geführte Fackeltour durch die historische Innenstadt samt Nachtwächteranekdoten.

157.
AUTOKINO!

Knutscht, lacht, flirtet, plaudert und knabbert im Autokino ohne dabei böse Blicke von anderen Kinobesuchern zu ernten. An seiner Magie hat das teils ganzjährig geöffnete Freiluftkino über all die Jahre definitiv nichts verloren.

158. Einer dreht, der andere ruft „Stopp"

Findet euer nächstes Reiseziel durch den Finger auf dem Globus. Alternativ könnt ihr auch den Pfeil entscheiden lassen, den ihr auf die Landkarte werft.

159.
HÜPFT WiE EiN KÄNGURU

und schlagt Purzelbäume auf dem Trampolin in Nachbars Garten oder im Jump House. Dabei baut ihr nicht nur Stress ab, sondern versorgt euren Körper medizinisch nachweislich auch mit dem Glückshormon Serotonin. Gute-Laune-Garantie!

160.
GEHT AUF ABENTEUERLICHE SCHNITZELJAGD
BEIM GEOCACHING

Mit einem GPS-Gerät ausgestattet, seid ihr immer dem nächsten Cache (Schatz) auf der Spur und löst zusammen knifflige Aufgaben, die euch ans Ziel führen.

161.
Genießt einen Fondue-Abend zuhause

und macht es euch dazu genauso heimelig wie auf einer Berghütte.
Ob ihr euch für die herzhafte Variante mit Fleisch am Spieß
oder Käse im Topf oder für die süße Versuchung mit Obst
im Schokobad entscheidet, bleibt dabei ganz
eurem Geschmack überlassen.

162.
Shake it!

Piña Colada, Espresso Martini oder Long Island Ice Tea? Verwandelt euer
Wohnzimmer in eine Cocktailbar und mixt euch euren Lieblingsdrink oder
erfindet eine Eigenkreation mit Zutaten ganz nach eurem Geschmack.
Kleiner Tipp: Vanille und Granatapfel sollen aphrodisierend wirken.

163.
Wuschelköpfe mit Charakter!

Gebt die Kontrolle ab und lasst euch vom
Alpaka bei einer Wanderung führen.
Die flauschigen Wuschelköpfe zeigen nämlich
sehr deutlich, wo es langgeht bzw. bleiben
zwischendurch auch einfach mal stehen,
wenn ihr drängelt oder ihnen zu schnell seid.

☐

164.
Baut eine riesige
Sandburg

mit Turm, Mauern und Wassergraben.
Wenn schon, denn schon ... Hauptsache ihr habt Spaß beim Buddeln.

☐

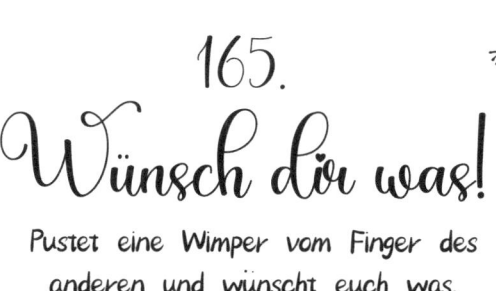

165.
Wünsch dir was!

Pustet eine Wimper vom Finger des
anderen und wünscht euch was.
Aber nicht verraten, sonst geht der
Wunsch nicht in Erfüllung.

☐

166.

Fliegt in eure Flitterwochen

Egal, ob ihr verheiratet seid oder nicht. Wacht in einem luxuriösen Traumhotel am türkis-blauen Meer auf und lasst es euch gut gehen (vielleicht auf der Privatinsel Bodu Finolhu im Le Méridien Maldives Resort & Spa, www.lemeridien-maldives.com).

P.S. Praktischerweise bietet das Le Méridien Maldives Resort & Spa auch ein „Say YES"-Paket an, falls ihr doch auf den Hochzeitsgeschmack kommt.

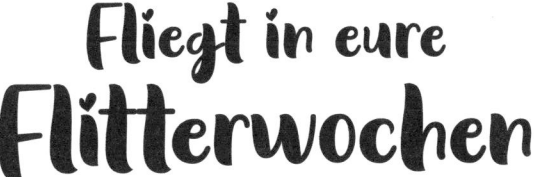

167.

Amore mio!

Kocht euer Lieblingsgericht vom Nobelitaliener daheim nach, während ihr Azzuro (Adriano Celentano), Cose Della Vita (Eros Ramazotti) oder Volare (Domenico Modugno) hört und genüsslich ein Glas Barolo schlürft.

□

168.
SCHWERELOS

Schwebt beim Paar–Floating zusammen in der Schwerelosigkeit, rubbelt euch danach gegenseitig das konzentrierte Salzwasser vom Körper und tankt zum Abschluss eure Energiereserven in der Salzgrotte auf.

□

169. Verliebt wie am ersten Tag

Frisch verknallt, kann man die Finger nicht voneinander lassen. Haltet deshalb einen ganzen Tag lang Händchen, auch wenn ihr vielleicht schon seit vielen Jahren gemeinsam durchs Leben geht.

170. OPTISCHE TÄUSCHUNG

Irrt gemeinsam durchs Hecken-, Mais-, Schilf-, Felsen- oder Sonnenblumenlabyrinth. Alles, was ihr dazu braucht, ist festes Schuhwerk. Wie schnell findet ihr den Ausgang? Eine Irrgarten-Liste gibt's unter www.begehbare-labyrinthe.de

171. Urban gardening

Pflanzt euch eure eigene Oase und legt ein Kräuterbeet auf dem Balkon oder im Garten an. Zur Not kann sogar die Fensterbank in der Küche herhalten. Umweltorganisationen sind bundesweit auf der Suche nach Paten, die sich um die begrünten, innerstädtischen Freiflächen kümmern.

172.

Mietet einen Oldtimer und fahrt Richtung Nostalgie

Alle Autofans kommen auch bei den organisierten Oldtimer Rallyes auf ihre Kosten. Egal, ob ihr aktiv mit Roadbook ausgestattet teilnehmt oder vom Straßenrand aus den Chevrolets, Mustangs oder Cadillacs zuwinkt, (z. B. einmal jährlich bei der Ausfahrt durchs fränkische Seeland von Organisator Stefan von Heyden zugunsten Sternstunden, www.facebook.com/SternstundenRallye).

173.
HOPFEN UND MALZ

Braut euer Bier, wenn ihr bei einer Brauereiführung in den Kessel blickt und im Anschluss bei der Verkostung alles zum Herstellungsprozess von Pils, Starkbier, Kölsch oder Weizenbier erfahrt. Schmeckt ihr den Unterschied? Prost!

174.
Schmiedet Ringe

als Zeichen eurer Liebe und Verbundenheit.
Unter Anleitung eines Schmiedemeisters lernt ihr die jahrhundertealte Kunst des Feilens, Sägens, Lötens und Biegens kennen und entfacht bei 1.200 Grad das Feuer der Leidenschaft. Eine Gravur gibt den Ringen den Feinschliff.

PUMUCKL · CLUMSY SCHLUMPF
175. Benjamin Blümchen
PETER PAN

Guckt zusammen einen Film oder eine Serie mit dem Helden eurer Kindheit. Gab's eine Szene, die euch als kleiner Stöpsel besonders berührt oder inspiriert hat?

176.

GLEITET BEIM FLYING-FOX AN DER ZIPLINE RASANT DURCH DIE LUFT

Denkt euch nichts, wenn sich nach dem Anlegen der Ausrüstung erst einmal ein leicht mulmiges Gefühl breit macht. Das Seil klinkt ein und ihr hängt kopfvoran in Startposition. Na, wer traut sich zuerst?

177.

SCHWINGT EUCH AUF DEN DRAHTESEL

und macht eine spontane Fahrradtour. Spürt den Fahrtwind im Gesicht, während ihr an Wildblumenwiesen vorbeiradelt und gönnt euch an einem lauschigen Plätzchen eine kleine Pause.

178.

Kuschelt nachts im Museum

Keine Sorge, ihr tut nichts Verbotenes und müsst euch auch nicht vor den Nachtwächtern verstecken. Denn viele Kultureinrichtungen bieten das filmreife Erlebnis à la Ben Stiller ganz legal an. Überlegt euch zusammen wilde Geschichten, wenn die Exponate gruselige Schatten werfen.

179.

Verbringt sehr, sehr viel Zeit miteinander beim

Backpacking-Trip,

z. B. durch Südostasien. Die Eindrücke, Abenteuer, Begegnungen, Kulturen und Erlebnisse werden euch noch mehr zusammenschweißen. Wenn es euch nicht ganz so weit wegzieht, dann startet eventuell eine Bed & Breakfast-Tour durch Dänemark. Morgens geht's über die drei Inseln ohne vorher zu wissen, in welchem Værelser ihr abends schlafen werdet.

180.

Trödelt euch glücklich,

feilscht und ergattert das eine oder andere Schnäppchen beim Flohmarktbesuch. Getreu dem Motto „Der frühe Vogel fängt den Wurm" klappt das am besten gegen 7 Uhr morgens. Auf die Eulen unter euch wartet der Nachtflohmarkt. Natürlich könnt ihr auch selbst euren Geldbeutel aufbessern und Kunst & Krempel unter die Leute bringen.

181. Töpfert zusammen

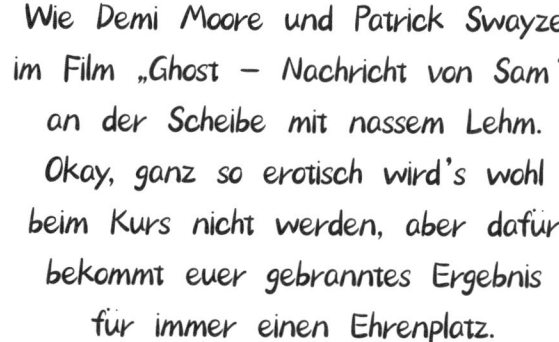

Wie Demi Moore und Patrick Swayze im Film „Ghost – Nachricht von Sam" an der Scheibe mit nassem Lehm. Okay, ganz so erotisch wird's wohl beim Kurs nicht werden, aber dafür bekommt euer gebranntes Ergebnis für immer einen Ehrenplatz.

182.

Holi

Bewerft euch mit kunterbunten Farben, wenn ihr beim Holi-Festival zu lauter Musik abtanzt.
Zieht dazu am besten weiße Klamotten an. So sieht man die grellen Kleckse richtig gut.
Kleiner Tipp: Damit die Augen nicht gereizt werden, schließt sie kurz vorm nächsten Farbcountdown.

183.
BOULE

Lasst die Kugeln auf den schattigen Sandfeldern im Stadtpark
klackern. Rentnersport? Von wegen! Allein das Gucken der
Matches ist unheimlich spannend. Inzwischen verwandeln sich
sogar ganze Städte beim Crossboccia in ein einziges Spielfeld.

184. Schreibt euch gegenseitig ein Gedicht ☐

Die Länge ist dabei nebensächlich und ihr müsst auch nicht geborene Poeten sein. Vielmehr geht es um die Geste und um die Gefühle, die ihr zu Papier bringt.

185. KEEP SMILING! ☐

Während Kinder bis zu 400-mal am Tag lachen, bewegen Erwachsene ihre Gesichtsmuskeln nur ca. 20-mal. Dabei ist lachen doch die beste Medizin. Erzählt euch Witze, kitzelt euch, schneidet Grimassen oder testet eine Runde Lach-Yoga in einem der weltweit rund 5.000 Lachclubs.

186. Blindverkostung ☐

Vertraut euch blind und lasst euch mit verbundenen Augen vom Partner/ von der Partnerin füttern. Die Testperson beschreibt dann, welche Obst- oder Gemüsesorte, Süßigkeit oder salzige Leckerei sie schmeckt. Danach wird gewechselt. Die Strichliste zeigt euch, wer am Ende der größere Gourmet ist.

187.
Chill out Modus

Lasst die Seele baumeln und hängt
einfach mal gemütlich in der Hängematte
unter freiem Himmel ab. Das sanfte
Wiegen in der schwebenden Wohlfühloase
sorgt für paradiesisches Urlaubsfeeling.

188.
Schreibt eure
Initialen in den Sand

Doch seid nicht traurig, wenn sie mit der nächsten Flut wieder verschwinden.
Schließlich wisst ihr, dass ihr für immer zusammengehört.

189.

Bucht eine Rikschafahrt

und genießt den etwas anderen Blick auf alle
Sehenswürdigkeiten der eigenen oder fremden
Stadt, während euch der Fahrer Insiderinfos verrät.
Die umweltfreundliche Taxi-Variante ist eine echte
Alternative zum Sightseeing-Doppeldeckerbus.

190.

Ein Tag im Aquarium

Besucht „Nemo" und seine Freunde wie Fledermaus-, Mandarin-
oder Kugelfische, Seepferdchen, Schildkröten, Oktopusse, Quallen,
Seesterne und weitere Meeresbewohner. Seid ihr mutig genug,
um ein echtes Hai-Ei in die Hand zu nehmen? Dann auf zum
Berührungsbecken, z. B. in einem von acht Sea-Life-Zentren
in Deutschland (www.visitsealife.com).

191. ☐
TAUFT EINEN Stern

Nehmt euch am Songtext von DJ Ötzi ein Beispiel und tauft gemeinsam einen Stern. Der Registereintrag samt Urkunde macht es offiziell und schon bekommt der Blick in den nächtlichen Sternenhimmel noch einmal eine ganz andere Bedeutung.

192. Magie der Liebe

Lernt einen Zaubertrick so perfekt, dass jeder auf die Illusion hereinfällt. Präsentiert euer Können beim nächsten Spielabend mit den Freunden oder bei der kommenden Familienfeier.

☐

193.

AUTOSCOOTER!

Dreht bei der nächsten Gelegenheit eine Runde mit dem Autoscooter. Ob ihr zusammen fahrt oder gegeneinander durchs Gewusel kurvt und euch ein Rennen liefert, dürft ihr entscheiden.

194.

Lost Places

Entdeckt verlassene Orte wie alte Burgen oder leer stehende Häuser, die von der Natur Stück für Stück zurückerobert werden. Lasst eurer Fantasie freien Lauf: Was ist hier passiert? Wer hat hier mal gelebt? Spürt ihr die spukenden Geister?

195.
Sucht das **Glück** und findet vierblättrige Kleeblätter.

Zwar liegt die Wahrscheinlichkeit bei 1:5.000, aber wenn ihr eines entdeckt habt, ist die Chance recht groß, dass weitere Glücksbringer in der Nähe wachsen.

196.

Hüpft Hand in Hand durchs kühle Nass der Rasensprinkleranlage

... im Stadtpark, Botanischen Garten oder auf einem öffentlichen Sportplatz? Schließlich braucht ihr an heißen Sommertagen auch eine kleine Erfrischung.

197. Küsst euch glücklich ☐

... und zwar an dem Ort, wo ihr das erste Mal geknutscht habt. Wenn Verliebte busseln, wird im Körper genauso viel Dopamin ausgeschüttet, wie bei einem Stück Schokolade (25 g) – dabei ist Küssen nicht nur kalorienfrei, sondern verbrennt sogar welche. Endlich mal eine nette Diät, oder?

198. ☐ BAUT EIN LEBKUCHENHAUS

Inzwischen gibt es fertige Sets in den Supermärkten. Trotzdem erfordert das Zusammensetzen Fingerspitzengefühl. Natürlich könnt ihr als Hobbyarchitekten auch selbst ein Knusperhäuschen planen. Vergesst nur den Zuckerguss für die Deko nicht.

199. ☐ Besucht einen Poetry-Slam

Schreien, flüstern, jaulen, keuchen ... und nur einige wenige Minuten Zeit, um das Publikum in seinen Bann zu ziehen, das am Ende des Wettstreits einen Sieger küren wird – das ist das Prinzip der modernen Dichterkunst.

200.
PLACE WITH A VIEW

Genießt auf der offenen Plattform oder innen hinter dickem Glas den Rundumblick vom Fernsehturm über die ganze Stadt. Vielleicht gibt es auch ein rotierendes Restaurant für ein romantisches Candle-Light-Dinner?

☐

201.
Paddelt um die Wette

und haltet das Gleichgewicht auf einem SUP-Board. Nicht entmutigen lassen, wenn es nicht gleich klappt, es braucht schon ein bisschen Übung.

☐

202.
Wünscht euch was!

Werft mit der rechten Hand eine Münze über die Schulter in den Stadtbrunnen und wünscht euch was! Zugegeben, es ist eine merkwürdige Art, Geld auszugeben, aber offensichtlich haben Wunschbrunnen eine magische Anziehungskraft. Mehrere Hunderttausend Euro nimmt die Stadt Rom mit ihrem Trevi Brunnen so zum Beispiel jährlich ein. Ein Großteil davon geht an wohltätige Zwecke.

☐

203.

„Für June, die diesen Garten liebte.
Von Joseph, der immer neben ihr saß",

lautet die Inschrift der Parkbank im Liebesfilm „Notting Hill".
Setzt auch eurer Liebe ein Denkmal und lasst eine öffentliche Bank
mit einer gravierten Plakette versehen. Dazu müsst ihr allerdings
beim Referat für Gartenbau eine offizielle Spende abgeben.
Oder ihr kauft einfach selbst eine Bank für euren heimischen Garten.

☐

204. Lasst es Flöckchen schneien und bastelt eine Foto-Kugel

Dazu braucht ihr ein leeres Marmeladen- oder Senfglas. Auf die Innenseite des Deckels stellt ihr euer Foto und befestigt es an einer Seite. Gebt etwas Kunstschnee ins Glas und füllt es mit destilliertem Wasser. Ein Tropfen Spülmittel verhindert, dass der Schnee klumpt. Schraubt den Deckel zu, dreht das Glas um und schüttelt es, bis das Schneegestöber um euer Bild tanzt.

205. SCHNAPPT EUCH DEN QUEUE IN DER SPIELHALLE

und lasst die Bälle auf dem Billardtisch rollen. Wer von euch zuerst alle Kugeln versenkt, lädt den Verlierer auf eine Partie Tischkicker oder Darts ein.

206. Schleckmäulchen

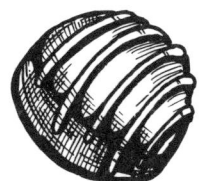

Eine süße Versuchung wartet beim Pralinenkurs. Hier erfahrt ihr nicht nur alles über die Wahl der richtigen Schokolade bis hin zur perfekten Glasur, sondern lernt auch die hohe Chocolatierskunst kennen, wenn ihr gemeinsam Pralinen herstellt.

207. ☐
O CAPTAIN, MY CAPTAIN

Schippert mit dem Tretboot zwischen quakenden Enten und schnatternden Gänsen und lasst euch in den Tretpausen einfach auf dem See treiben. Die Wellen wiegen euch ganz von allein. Entspannt zurücklehnen und die Sonne mit Blick auf die umliegenden Ufer genießen.

208. ☐
Champagner Degustation

Prosecco, Sekt oder Champagner – sie alle prickeln. Erkennt den feinen Unterschied bei einer Champagner Degustation. Euer Gaumen wird sogar den Gegensatz der großen Weltmarken und der Cuvées von kleinen Winzern aus der Champagne (über www.we-love-champagne.com oder www.champagnerglueck.de) schmecken, die vom Weinberg bis zur Verarbeitung alles aus einer Hand selbst machen. Cheers!

209.
Eier von glücklichen Hühnern

Probiert euch beim Wochen- und Bauernmarkt durch die Angebote der Standbetreiber und lasst euch von den Landwirten alles über die Ernte erzählen. So wisst ihr, wo die frischen Lebensmittel herkommen, wie die Eier von glücklichen Hühnern schmecken oder wann die Kuh gemolken wurde und unterstützt gleichzeitig die regionalen Bauern. ☐

210.
Restauriert ein altes Möbelstück

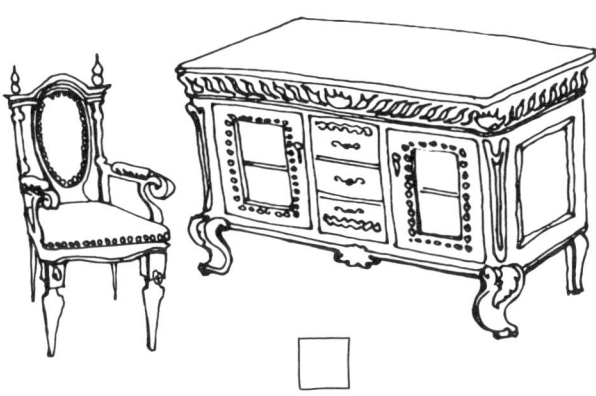

Geerbt, aus den Kleinanzeigen, beim Flohmarkt oder im Antiquitätengeschäft erstanden, erstrahlt mit etwas handwerklichem Geschick der Sekretär, die Truhe oder der Stuhl mit frischem Anstrich, selbstklebender Folie, dekorativen Steinchen oder bunten Bezügen im neuen Look. Wer sich nicht so kreativ fühlt, kann seine Schätze auch Profis wie Designerin Nicole Hayduga (www.nicole-hayduga.de) oder Esther Ollick (www.esther-ollick.shop) überlassen.

211.
BESUCHT EIN MÖBELHAUS

und richtet eure Wohnung oder euer Haus neu ein – egal, ob nur zum Spaß gedanklich oder am Ende tatsächlich. Denn vielleicht ist das Sofa im Einrichtungshaus so bequem, dass ihr nicht nur Testsitzen wollt.

212. Schickt eure Gedanken auf Weltreise

Die Maya-Ruinen in Mexiko, Machu Picchu, Sydney, Panama, Bangkok oder doch Neuseeland? Welche Ziele würdet ihr ansteuern, wenn ihr wie Jules Vernes in 80 Tagen um die Erde reisen und euch vom Alltag verabschieden dürftet?

213.

Geht ins Museum

Zugegeben, Museen sind nicht jedermanns Sache. Aber es muss sich ja nicht immer alles um Gemälde drehen. Kulinarisch wird es zum Beispiel im Bratwurstmuseum, im Spargelmuseum oder im Karpfenmuseum. Aber auch das Schnarchmuseum, Dackelmuseum oder Museum für Comic und Sprachkunst gibt skurrile Einblicke, während es im Sexmuseum mit Erotik und Sinnlichkeit provokant wird.

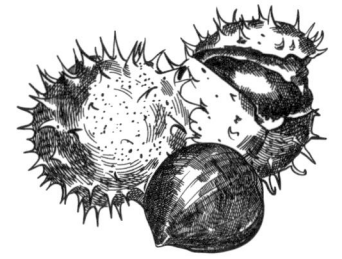

214.
SAMMELT KASTANIEN

bei eurem nächsten Waldspaziergang als Futter für Wildtiere.
Der Förster freut sich über das volle Körbchen
(im Plastikbeutel schimmeln die Kastanien viel zu schnell)
oder ihr besucht gleich selbst die Rehe im Wildpark.

215.
Klammert euch aneinander!

Was sonst eher nicht so gut ankommt, steht ausnahmsweise auf der
Tagesordnung: Stellt euch nebeneinander, bindet die sich berührenden
Beine zusammen und verbringt so einen ganzen Nachmittag.
Im besten Fall habt ihr davor schon die Hausarbeit erledigt, sonst
endet eure Putzorgie noch verknotet wie im bekannten Spiel „Twister".

216. SCHNÜRT DIE INLINER ODER ROLLSCHUHE

und rollt auf asphaltierten Wegen schöne Hügellandschaften rauf und runter oder macht bei der organisierten Skate Night die Nacht zum Tage. Für die organisierten Rundkurse sperren viele Städte bundesweit extra die Hauptstraßen, sodass ihr Hand in Hand und mit hundert anderen Bladern losstarten könnt.

217.
Backt gemeinsam einen Kuchen

für den Geburtstag der (Schwieger-)Eltern,
als Mitbringsel für die Freunde oder Kollegen oder einfach
für euch selbst. Einer kümmert sich um die Zutaten,
der andere startet den Mixer in der Rührschüssel.
Vergesst nicht das Beste zum Schluss: das Teig schlecken!

218.

GITARRE, AKKORDEON ODER BLOCKFLÖTE?

Lernt ein Instrument und spielt irgendwann überraschend
den Lieblingssong des anderen. Auch wenn's vielleicht
„nur" auf der Triangel ist, die Geste zählt.

219.
Lauft barfuß

Spürt die weichen Grashalme, die eure Fußsohlen kitzeln und macht es wie Richard Gere
in „Pretty Woman": Weg mit den Schuhen und Socken und barfuß laufen. Das ist nicht nur
befreiend, sondern auch eine natürliche und effektive Fußreflexzonen-Massage.

220.
Besucht ein mittelalterliches
Rittertunier ☐

Feuert die Reiter bei den Wettkämpfen an und
werdet Zeuge der Tugenden Freundlichkeit, Demut,
Tapferkeit, Würde, Treue und Großzügigkeit.
Zuvor warten die damals überlebenswichtigen
Übungen beim Ringstechen und Helmschlagen sowie
das Showtraining mit dem Kippschild auf euch.

221.
Trinkt vom „Wasser des Lebens"

und lernt beim Whisky-Tasting alles über seine
Herstellung, Destillation, Lagerung und Geschichte.
Wer hat's erfunden? Der Legende nach brachte
der irische Nationalheilige St. Patrick im
5. Jahrhundert den Iren das Destillieren bei,
doch die erste urkundliche Erwähnung stammt
1494 aus Schottland.

☐

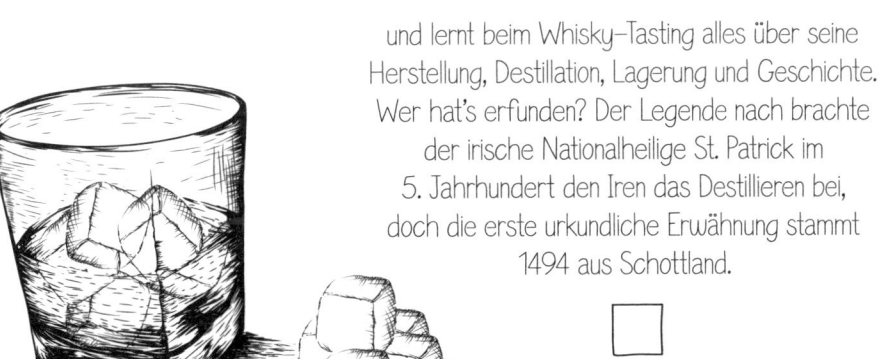

222.

Gießt Kerzen in verschiedenen Größen, Farben und Formen

Denn aus alten Wachsresten lassen sich ganz einfach neue Lichter zaubern. Schmelzt dazu alles im Wasserbad und gießt das flüssige Wachs in ein hitzebeständiges Glasgefäß, in dem ihr zuvor einen Kerzendocht (gibt's im Bastelladen) befestigt habt.

223.

Beherrscht Pfeil und Bogen wie Robin Hood

Beim Kurs zum Bogenschießen lernt ihr unter Anleitung die Technik und das Geschick, mit ruhiger Hand direkt ins Ziel zu treffen. Amors Pfeil hat euch schließlich auch erwischt.

224. ☐
STARTET EINEN PODCAST

und verbreitet eure Liebesbotschaft in der Öffentlichkeit. Sprecht zum Beispiel über eure Beziehung, Streitthemen, kuriose Erlebnisse und die Familie. Die Vorbereitung auf die erste Aufnahme ist das A und O, damit keine Fragezeichen im Kopf auftauchen, wenn ihr das erste Mal vor dem Mikro sitzt.

225. Geht unter Tage

und überzeugt euch beim Besuch der Tropfsteinhöhle selbst davon, dass hier keine Monster und Dämonen leben, wie es die Märchen und Sagen erzählen. Leider warten auch keine Schätze und Reichtümer, aber trotzdem besitzt die raue Schönheit verborgen unter der Erde eine gewisse Magie. ☐

226. Urlaub ☐ zuhause

Keine Zeit für Urlaub? Dann holt euch kurzerhand den Strand, das Winterparadies oder die Wellnessoase nach Hause. Dekoriert jedes Zimmer passend um, zum Beispiel hängen im Wohnzimmer Hawaiiketten und die Kokosnuss wartet darauf, geschlürft zu werden, während Aloha-Musik erklingt. Oder das Schlafzimmer verwandelt sich mit vielen Kissen am Boden, Räucherstäbchen und orientalischen Klängen in 1001 Nacht.

227. schwebt durch die Lüfte

☐ **BEIM PARAGLIDING**

Sobald der Gleitschirm an eurem Gurt befestigt ist, lauft ihr auch schon los und erlebt einen Höhenflug der speziellen Art. Frei wie ein Vogel spürt ihr die frische Luft um euch herum und lasst euch vom Wind tragen.

228.

Bastelt eine Laterne

Do it yourself ist die Devise, damit der nächste St. Martinstag, Halloween oder Sommer kommen kann. Letzterer lässt sich nämlich bei flackerndem Windlicht noch viel länger auf dem Balkon oder im Garten an lauen Abenden genießen.

☐

229.

Frühlingszeit ist Kirschblütenzeit

Nicht nur in Japan blühen die rosafarbenen Bäume, sondern auch bei uns entstehen wahre Traumalleen, die zum Spaziergang einladen und die Vorfreude auf die kommende Kirschsaison erhöhen. Damit verbunden ist euer ganz persönlicher Kirschkern–Weitspuck–Wettbewerb.

☐

230.
Plant einen Städtetrip

und erkundet Barcelona, Rom, Athen, Kopenhagen,
Florenz, Madrid oder Amsterdam mit dem Reiseführer
in der einen Hand und dem Schatz an der anderen Hand.

231.

FLASHMOB!

Verabredet euch zu einem Flashmob und verwirrt beim organisierten Event, dessen
kollektive Tanzeinlagen von wildfremden Menschengruppen auf öffentlichen Plätzen wie
spontan wirken, die Passanten.

232.

Es war einmal ...

Es gibt so viele schöne Märchen. Höchste Zeit, eine eigene Geschichte zu schreiben.
Überlegt euch ein Thema, zum Beispiel „Wenn unser Gartenzwerg sprechen
könnte ..." und reicht das Blatt nach fünf Sätzen weiter. Nach mehreren
Durchläufen wird daraus ein eigenes Kapitel. Denkt ans Happy End!

233.
Küsst euch unter einem Wasserfall ☐

Nicht, weil es sonderlich romantisch wäre, sondern weil es ein Erlebnis ist, wenn die tosenden Wassermassen auf euch prasseln. Und auf dem Erinnerungsfoto sieht es paradiesisch aus.

234.
WASSERSKI!

Ran ans Seil und keine Angst vor Bauchklatschern, wenn ihr mit durchschnittlich 30 km/h auf Skiern von einem Motorboot übers Wasser gezogen werdet. Auch beim Wakeboarden als eine Mischung aus Wasserski und Wellenreiten genießt ihr den Geschwindigkeitsrausch im kühlen Nass.

☐

235. ☐
Happy Feet

Verwöhnt euch abwechselnd mit einer Fußreflexzonenmassage. Schon gewusst? Bereits die alten Indianerstämme schätzten sie als Heilmethode. Schließlich treffen in der Fußsohle rund 70.000 Nervenenden zusammen, die vom US-Arzt Dr. Fitzgerald in Zonen eingeteilt und mit den Organen in Verbindung gebracht wurden. Berichtet euch also gegenseitig, ob und wo es im Körper kribbelt, wenn ihr einen Punkt an den Füßen massiert.

236.
Überrascht euch immer wieder gegenseitig!

Kleine Geschenke erhalten nämlich nicht nur die Freundschaft, sondern bringen Schwung in den Beziehungsalltag. Dabei kommt es auf die kleinen Gesten an. Hol deinen Schatz zum Beispiel ungeplant von der Arbeit ab, organisiere spontan einen Babysitter oder dekoriere ein Herz aus Blüten am Sitzplatz des anderen.

☐

237.
Jetzt wird gegipst!

Formt eure Gesichter, Hände, Brüste oder ggf. den Babybauch in Gips. Cremt dazu ordentlich dick die Stellen ein, die dann mit den einzelnen Gipsschnipseln beklebt werden. Damit die Maske später stabil ist, braucht ihr mindestens zwei bis drei Lagen. Es folgt die 25-minütige Trockenphase auf der Haut, dann könnt ihr den Abdruck vorsichtig abnehmen. Jetzt noch mal eine Stunde warten und schon lässt sich eure eigene Skulptur bemalen.

☐

238.
Erledigt zusammen den Großeinkauf

und freut euch, wenn ihr Lebensmittel für Lebensmittel in den Einkaufswagen legen könnt. Habt den Einkaufszettel im Blick, aber seid trotzdem spontan, wenn euch beim frischen Gemüse, an der Metzger- oder Käsetheke etwas anlacht.

239.
Liebe liegt in der Luft

Am Satz „Ich kann dich gut riechen" ist wirklich was dran. So beeinflusst der körpereigene Duft von Mann und Frau mit, ob man sich liebt. Damit ist zwar der unverfälschte Geruch gemeint, aber komponiert trotzdem in einem Parfum-Seminar aus ca. 50 Einzelnoten euren ganz eigenen blumigen, fruchtigen, frischen oder orientalischen Duft.

240.
You Light Up My Life

Besichtigt einen Leuchtturm, der
einst den Seefahrern den Weg
durch raue Gewässer lotste und
heute teils als Museum, Hotel
oder auch als Standesamt für den
„Hafen der Ehe" genutzt wird.
Euer mühevoller Aufstieg wird mit
einem fantastischen Ausblick belohnt.

241. Tea Time

Zelebriert das beliebte britische Ritual und genehmigt euch einen Afternoon Tea am späten Nachmittag. Zu Schwarztee mit Milch werden Mini-Mahlzeiten gereicht, die den größten Hunger bis zum eigentlichen Abendessen gegen 20 Uhr vertreiben sollen. Das dürfte bei den drei Gängen bestehend aus Sandwich mit Gurke und Kresse, Scones mit Marmelade und Früchtekuchen, Keksen oder Schokolade wirklich kein Problem sein.

☐

242.
#LOVEOFMYLIFE

Startet einen Instagram-Account und verzückt mit regelmäßigen Postings eurer Fotos im Feed eure Familie, Freunde und die ganze Welt. Und lasst sie auch in Storys an euren Unternehmungen, Erlebnissen und Kochabenden teilhaben. Vielleicht winkt ja schon bald die eine oder andere Social-Media-Kooperation.

☐

243.
LARP ☐

Schlüpft in die Rollen einer Romanfigur oder eines Helden und nehmt
an einem der inzwischen mehr als 900 Live-Action-Role-Playings
(kurz LARP) mit bis zu 10.000 Spielern teil. Hier geht's ums Gleiche
wie bei einem Computerspiel, nur, dass ihr nicht vorm Bildschirm
sitzt, sondern euch selbst als Charakter durch enge Gänge einer Burg
schleicht, gegen Orks kämpft oder als Kapitän das Raumschiff steuert.

244.
STARTET EINE DIÄT ☐

Zu zweit hält man viel besser durch! Oder möchtet ihr eurem Partner/
eurer Partnerin mit Burger und Pommes gegenübersitzen, während er/sie
sich quält, um ein paar Pfunde purzeln zu sehen? Stellt gemeinsam euren
Speiseplan um, startet ein Sportprogramm, motiviert euch durchzuhalten
und feiert eure Erfolge. Ja, auch ein Cheat Day ist mal erlaubt.

245.
Geht schwimmen

Klingt banal? Wann wart ihr denn das letzte Mal im Hallenbad? Krault um die Wette,
springt vom 3-Meter-Turm, startet eine Wasserschlacht, flirtet und tragt euren Schatz
auf Händen. Schließlich lässt euch die Auftriebskraft im kühlen Nass federleicht wirken. ☐

246.
Ruhe, bitte, Kamera läuft ...

Applaudiert als Zuschauer im Studiopublikum einer TV-Show.
Wie läuft die Produktion hinter den Kulissen ab, was passiert in den Werbepausen
und wie sehen die Moderatoren und Gäste live aus? Oder seid ihr vielleicht selbst
Quizfans und ärgert euch sonst auf dem Sofa über das Unverständnis der Kandidaten?
Dann bewerbt euch und sitzt vielleicht schon bald selbst im Ratestuhl.

247.
Message for you!

Minuten fühlen sich wie Stunden an und Stunden wie Tage, zumindest wenn
man auf eine Nachricht des anderen wartet. Frischt das Gefühl vom Anfang
eures Kennenlernens auf und schreibt euch immer wieder per WhatsApp,
Messenger oder PN kurze Nachrichten, während ihr in der Arbeit seid, die
Kinder von der Schule abholt oder beim Bäcker steht.

248.
PARTY-
People! ☐

Fühlt euch wie zu euren Teeniezeiten und feiert die Nacht durch. Tanzt bis in die Puppen in einem Club zum Sound der 90er und bestellt morgens um 4 Uhr am Imbisswagen fettige Pommes. Plant den nächsten Tag zum Ausruhen ein, ihr seid schließlich keine 16 mehr ;)

249.
SPIELT
BULLSHIT-
BINGO ☐

Ärgert euch nicht über Omas Spruch „Du bist aber groß geworden", die Frage von den (Schwieger-)Eltern nach Nachwuchs oder den Onkel, der am mitgebrachten Kuchen nörgelt. Kreuzt stattdessen gedanklich oder heimlich im Handy je eure fünf zuvor festgelegten Sätze an. Wer ruft schneller „Bingo" und darf sich über verdutzte Blicke von der Verwandtschaft freuen?

250.

Wisst ihr, wie viel Sternlein stehen …?

Zählt sie im Planetarium und lasst euch vom
unendlichen Universum verzaubern,
in dem ihr beide euch vielleicht nicht
gesucht, aber doch gefunden habt.

☐

251.

SCHREIBT EURE EIGENE
BUCKET LIST

In eurer eigenen Bucket List kann alles
dabei sein – von kleinen Zielen bis zu
euren ganz großen Träumen! Achtet auf
eine gute Mischung an großen Wünschen
und kleinen, leicht zu realisierenden
Ideen, damit ihr motiviert dabei bleibt.
Die Abwechslung aus Erlebnissen, Liebe,
Entspannung, Abenteuer gibt die richtige
Würze und sorgt für jede Menge Spaß.
Genießt die gemeinsame Zeit!

- [ ] ....
- [ ] ....
- [ ] ....
- [ ] ....
- [ ] ....
- [ ] ....
- [ ] ....
- [ ] ....
- [ ] ....
- [ ] ....
- [ ] ....
- [ ] ....
- [ ] ....
- [ ] ....

- [ ] ....
- [ ] ....
- [ ] ....
- [ ] ....
- [ ] ....
- [ ] ....
- [ ] ....
- [ ] ....
- [ ] ....
- [ ] ....
- [ ] ....
- [ ] ....
- [ ] ....
- [ ] ....

- [ ] ....
- [ ] ....
- [ ] ....
- [ ] ....
- [ ] ....
- [ ] ....
- [ ] ....
- [ ] ....
- [ ] ....
- [ ] ....
- [ ] ....
- [ ] ....
- [ ] ....
- [ ] ....

ist ein Imprint der

HEEL Verlag GmbH
Gut Pottscheidt
53639 Königswinter
Tel.: 02223 9230-0
Fax: 02223 9230-13
E-Mail: info@heel-verlag.de
www.heel-verlag.de

© 2024 HEEL Verlag GmbH
2. Auflage 2024

Text: Stephanie Fischer, New Star Media, München
Gestaltung: My Linh Nguyen, Heinsberg
Titelgestaltung: Christine Mertens
Fotos: © Adobe Stock
Bildredaktion und Lektorat: Ulrike Reihn-Hamburger

Printed in Czech Republic

ISBN 978-3-96664-749-6